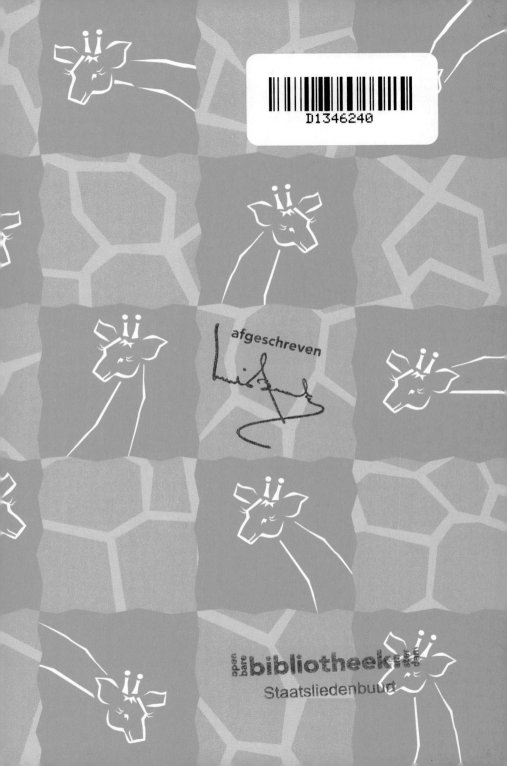

Het vogelmeisje

© 2003 Educatieve uitgeverij Maretak, Postbus 80, 9400 AB Assen
Tweede druk, 2009

Tekst: Johanna Kruit
Illustraties: Hanneke Kools
Vormgeving: Heleen van Keulen
DTP Gerard de Groot
ISBN 978-90-437-0184-6
NUR 140/282
AVI M4 (oude AVI 5)

Het vogelmeisje

Johanna Kruit
illustraties: Hanneke Kools

educatieve
uitgeverij
Maretak

1 Op het plein

Hanan zit op de rand van de zandbak.
Ze kijkt naar het plein.
Er zijn niet veel kinderen.
De zon schijnt.
En achter haar zingt een vogel.
Hanan kijkt omhoog.
Ze lacht naar de lucht.
De vogel is haar geheim.
Niemand mag dat weten.
Het is een zwarte vogel.
Hij heeft een gele snavel.
Elke dag is hij er.
Soms zit hij op het dak.
En soms in de bomen.
Ze ziet hem vaak heen en weer vliegen.
Hij is altijd in de buurt.
Als niemand het kan horen,
praat Hanan tegen de vogel.
Ze weet zeker dat hij haar verstaat.

'Weet je nog van Marokko', zegt ze.
'Toen we bij oma waren?

Weet je nog dat oma vertelde
over Geri en de ijscokar?
En dat hij zoveel ijsjes at?
Wat kreeg hij een buikpijn zeg!'
Het is leuk om zo te praten.
Hanan heeft altijd veel te zeggen.
Er wonen wel duizend verhalen
in haar hoofd.
Ze vertelt ze zachtjes aan de vogel.
Wie zou er anders luisteren?
Hanan heeft ook veel vragen.
Ze wil alles weten.
Hoe het zit met de zon en de maan.
Waar de wind vandaan komt.
En hoe de wolken zeilen.
Waarom valt er soms regen uit?
En een andere keer niet?
En waar gaan de wolken naar toe?

'Vraag dat maar op school', zegt mama.
'Ik heb geen tijd.'
Papa zegt dat hij het ook niet weet.
Of ja, hij weet het wel.
Maar het is zo moeilijk uit te leggen.
En de kinderen op het plein?
Die weten er helemáál niks van.
Die zeggen gewoon:
'Wat geef je daar nou om!
Als het maar lekker weer is.
Dan kunnen we buiten spelen.'
Daarom vraagt Hanan maar niks meer.
Alleen aan de vogel.
Ze denkt aan papa.
Die het altijd zo druk heeft.
De hele week is hij naar zijn werk.
En op zaterdag heeft hij nóg een baan.
'Geld verdienen voor Marokko', zegt mama.
'De reis is duur.
En we moeten spullen meenemen
voor de familie.
We kunnen niet met lege handen komen.'
Elke zaterdag is papa vroeg op.
Nog vroeger dan Hanan.
Vaak ziet ze hem niet eens.
Dan is hij al naar zijn werk.
Ook als ze om zeven uur opstaat.

'Wat doet hij dan?'
Ze wil het zo graag weten.
'Hij werkt voor een groot bedrijf', zei mama.
En toen wist Hanan nog niks.
Alleen dat hij vlees moet inpakken.
In heel grote dozen.
Dat lijkt haar maar een gekke baan.
Wie pakt er nou vlees in dozen!
Maar in Holland is alles anders.
En je kunt er veel kopen.
Pakken vol vlees.
Met wel tien kippenpoten erin.
Gewoon in de supermarkt.
Waar de rest van de kip gebleven is?
Hanan zou het niet weten.
Bij oma is dat niet zo.
Die slacht gewoon zelf een kip.
En dan eten ze hem helemaal op.
Oma plukt de kip.
De veren vliegen in het rond.
Maar ze eten níét alleen de poten op.

Dat weet Hanan zeker.
En als ze vis eten bij oma,
gaat de hele vis in de pan.
Dat weet ze ook zeker.
In Holland niet.
Daar verkopen ze vierkante vissen.
Dat heeft ze zelf gezien.
Er zit meel omheen.
Je kunt niet zien wat het is.
En het smaakt ook niet lekker.
En zeker niet naar vis.
Ze noemen dat vissticks.
Hanan vindt ze maar vies.
Maar ze moet ze wel eten.
'Het is goedkoop', zegt mama.
En dat is belangrijk.

Hanan zit zo te denken.
Over papa en mama.
Over oma en Marokko.
Ze merkt niet eens dat de vogel weg is.
En dat er iemand aankomt.
Het is Naima, haar vriendin.
'Hoi', zegt Naima.
'Ben je hier al lang?'
Vlug stopt Hanan haar gedachten
terug in haar hoofd.

Daar heeft Naima niks mee te maken!
Ze springt overeind en roept gauw:
'Zullen we een vogelhuis bouwen?
Met bladeren en zand?'
'Jij altijd met je vogelhuis!' lacht Naima.
'Weet je niks anders?'
Hanan haalt haar schouders op.
'We kunnen schommelen', stelt ze voor.

De schommels zijn al oud.
De plankjes hangen een beetje los.
Het zijn echte piepschommels.
Als je heel hoog gaat, zie je veel.
Je kunt over een muur kijken.
De muur van het laatste huis in de straat.
Hanan ziet de moeder van Fatimah.
Ze loopt door de tuin.
Daarna klopt ze een kleedje uit
en hangt het over het hek.
Dan kijkt ze naar de lucht.
Ze blijft heel lang staan.
Waar zou ze aan denken?

2 Halima

In de verte komt iemand aan.
Het is Halima.
Halima is al oud.
En haar kleren zijn altijd zwart.
Ze strompelt over het plein met haar stok.
Nu gaat ze op een bank zitten.
Halima is wat vreemd.
En ze zegt nooit veel.
Maar ze kan ontzettend boos kijken.
Hanan is een beetje bang voor haar.
De neus van Halima is groot.
Hij past niet in haar gezicht.
Net of hij te snel gegroeid is.
En nooit meer kon stoppen met groeien.
Halima wordt vaak geplaagd.
Dan schelden kinderen haar uit.
Omdat ze zo oud is.
Omdat ze altijd zwarte kleren draagt.
Omdat ze zo krom loopt.
En omdat ze zo'n grote neus heeft.
Dan zwaait ze met haar stok.

Maar nu is het nog stil op het plein.
Halima zit rustig op de bank.
Als een poes in de zon.
De stok staat naast haar.
Hanan kijkt naar Halima.
Ze lijkt een beetje op oma.
Uit de verte dan.
Van hier zie je niks van die neus.

'Zullen we Halima laten schrikken?'
Naima vraagt het lachend.
Ze kijkt opgewonden.
Ze schudt haar haren naar achteren.
En ze wijst naar haar neus.

'Leuk', zegt ze.
'Ga je mee?'
Hanan schudt haar hoofd.
Ze vindt het opeens heel flauw.
En ze denkt aan oma.
'Dan ga ik alleen!' roept Naima.
Ze springt van de schommel en sluipt weg.
Hanan blijft zitten.
Ze kijkt naar Naima.
Ze wil haar terugroepen.
Maar het lukt niet.
Haar mond is droog.
Er komen geen woorden uit.
Naima sluipt naar de bank.
De bank waar Halima zit.
En als ze achter haar is, gilt ze.
Ze gilt kei- en keihard.
Recht in het oor van Halima.
'Oude toverheks!
Lelijke NEUS!'
Daarna rent ze weg.
Zo hard ze maar kan.
Recht naar het buurthuis.
Op de stoep blijft ze staan.
Klaar om naar binnen te hollen.
Hanan ziet hoe Halima schrikt.
En opstaat van de bank.

Ze zwaait met haar stok.
Dan struikelt ze en valt zomaar om.
Hanan schrikt ervan.
Ze houdt op met schommelen.
Wat zou er nu gebeuren?
Maar er gebeurt niks.
Halima blijft gewoon liggen.

Hanan kijkt ongerust om zich heen.
Naima is verdwenen.
Er is niemand in de buurt.
Niemand die zag dat Halima viel.
Alleen zij, Hanan.
Ze stapt van de schommel.

Haar benen beginnen te lopen.
Zonder dat ze het wil.
Zonder dat ze het durft.
Haar benen lopen zomaar naar Halima toe.
Haar hart bonkt.
Haar ogen tranen.
Maar haar benen lopen door.
Ze blijven staan voor de bank.
Nu bonkt haar hart in haar keel.
'Kan ik helpen?'
Ze vraagt het zachtjes.
Haar stem klinkt schor.
Alsof ze verkouden is.
Gelukkig, Halima beweegt weer.
Ze is dus niet dood.
Kreunend komt ze overeind.
Ze gaat staan en kijkt boos naar Hanan.

'Zei je wat?' bromt ze.
'Ja ... eh ... nee ...
Ik bedoel, of ik kan helpen.'
Hanan stottert ervan.
Nog nooit was ze zo dichtbij.
Nog nooit zag ze wat ze nu ziet.
Die grote neus, die oude handen.
Handen met kromme vingers.
Alsof ze heel ziek zijn.
En daarom zo krom.
Dat doet vast pijn, denkt Hanan.
Ze kent niemand met zulke vingers.
Ze ziet ook de gebogen rug van Halima.
Die rug is zo krom als een hoepel.
Daarom lijkt het alsof ze altijd
iets loopt te zoeken op straat.
'Pak mijn stok maar even als je wilt.'
Ze kreunt een beetje.
Dan gaat ze weer op de bank zitten.
Heel voorzichtig.
Vlug raapt Hanan de stok op.
Ze brengt hem naar Halima.
Dan weet ze niet meer wat ze doen moet.
Aarzelend blijft ze staan.

3 Hanan en Halima

Opeens tilt Halima haar hoofd op.
Ze kijkt Hanan aan.
Verbaasd ziet Hanan dat ze lacht!
En ook dat ze bruine ogen heeft.
Lieve, grote, bruine ogen.
Net zulke ogen als mama!
Nu is ze niet meer bang.
Ze gaat gewoon naast haar op de bank zitten.
'Hebt u zich pijn gedaan?'
Ze vraagt het zachtjes.
Haar stem wil nog niet zo goed.
'Bent u hard gevallen?'
'Het valt wel mee', zegt Halima.
Ze klinkt vriendelijk.
Samen zitten ze een poosje op de bank.
Zomaar, zonder te praten.
En dan ziet Hanan opeens de vogel weer.
De zwarte vogel met de gele snavel.
Hij zit in de boom.
En hij houdt zijn kopje scheef.
Net alsof hij iets wil zeggen.
Hanan houdt haar adem in.

De vogel begint te zingen.
'Kijk eens.'
Halima wijst met haar stok.
'Zie je die vogel daar?
Dat is een merel.
Ik zie hem haast elke dag.
Hij woont hier vast in de buurt.'
Verrast kijkt Hanan haar aan.
Halima kent haar vogel ook!
Ze weet zelfs hoe hij heet.
En dan vertelt ze.
Zomaar.
Wat ze nog nooit
aan iemand anders heeft verteld.
Het geheim van de vogel.
Dat ze altijd tegen hem praat.
Dat de vogel haar ook kent.
Dat hij voor haar zingt.
En dat hij naar haar luistert.
En dat ze zeker weet
dat hij alles begrijpt wat ze zegt.

Halima zit heel stil.
Zo nu en dan knikt ze.
Haar ogen glanzen.
Ze kijkt naar Hanan.
Het lijkt alsof ze zeggen wil:

'Praat maar verder.
Ik begrijp ook alles wat je zegt.'
En Hanan gaat door.
Ze vertelt over thuis.
En over oma in Marokko.
En over papa die het altijd zo druk heeft.
En over de kippenpoten in de supermarkt.
Zo stom: tien poten in één pak!
Halima lacht en vaak zegt ze:
'Ja, dat weet ik, dat vind ik ook.'
Hanan voelt zich heel blij worden.
Ze heeft nooit geweten dat Halima
zo'n lieve vrouw is.
Ze denkt aan alle keren
dat de kinderen haar plaagden.
En ze schaamt zich een beetje.
Want zelf heeft ze ook wel eens
meegedaan met het schelden.
Ze kijkt opzij.

Naar de oude vrouw die naast haar zit.
'We gaan naar Marokko', zegt ze.

'Straks, als het zomer is.
Mama spaart van alles op.
We kunnen niet met lege handen komen.
Dat zegt ze tenminste.
Daarom moet papa werken.
En we gaan naar mijn oma.
Oma woont in een dorp.
Ze heeft kippen en een geit.
En er zijn sterren.
Midden in de nacht.
Je kunt alle sterren zien.
Als het avond is en donker.'
'Dat is fijn', zegt Halima.
'Ik zou ook wel willen.
Maar dat kan niet meer.'
'Gaat u dan nooit meer naar Marokko?'
Hanan kijkt verbaasd.
'Nee, ik ben te oud voor die lange reis.'
Halima zegt het zachtjes.
Het lijkt alsof ze fluistert.
'En ik heb er ook geen geld voor.'
Hanan voelt zich verlegen.
Maar Halima praat verder:
'Soms droom ik wel eens.
Dan ben ik daar weer.
Maar onzichtbaar.
Gewoon om even te kijken.

Of alles er nog is.
Of het oude huis er nog staat.
En of de geit er nog is.
En de kromme boom bij de berg.'
'Zal ik iets voor u meenemen uit Marokko?'
Hanans ogen glanzen.
Ze wil zo graag iets doen voor Halima.
Het lijkt haar zo erg.
Om altijd in Holland te moeten zijn.
En daar te moeten blijven!
Wat is zij dan gelukkig.
Zij kan lekker naar oma deze zomer!
'Weet je wat?' zegt Halima.
'Wil je een veer voor me zoeken?
Gewoon een vogelveer.
Van een kip of een gans of zo.
Daar zou ik heel blij mee zijn:
een veer uit Marokko!'
Hanan kijkt verbaasd.
Halima lacht om haar gezicht.
'Ik meen het', zegt ze.
'Vraag er maar een aan je oma, goed?'
Nu begint Hanan ook te lachen.
'Beloofd', zegt ze.
'Dat zal ik doen.
Want de kippen in Holland?
Die hebben helemaal geen veren meer!

Alleen maar poten.
En die liggen in de supermarkt.'
Samen kijken ze naar het plein.
En naar de merel die nog steeds zingt.
De bladeren van de boom bewegen.
Ze ruisen zachtjes in de wind.

'Nu ga ik naar huis', zegt Hanan.
'Maar ik kom morgen weer terug.
Mag dat?'
'Graag', zegt Halima.
Ze lacht in duizend kleuren.
'Ik zal hier op je wachten.
En dan praten we verder over Marokko.
Over je oma en over de vogel.'
Hanan staat op en rent weg.
Ze kijkt nog even om naar Halima.
Daar zit ze: op de bank.
De bank op het plein.
De zon strooit met stralen.
De kleuren spetteren.
Maar het meest spetteren ze
over Halima die daar zit.
De stok staat naast haar.
Het gezicht van Halima lacht.
Hanan ziet het uit de verte.
'Dag Halima!' roept ze blij.

'Dag vogelmeisje!' roept Halima terug.
En daar gaat Hanan.
Ze begint steeds harder te hollen.
Ze rent over het plein.
Haar hart zingt.
Ze voelt zich net een vogel.
Ze spreidt haar armen wijd.
Alsof ze wil gaan vliegen.
Ze rent zo hard ze kan.

Halima, denkt ze.
Halima.
Je lijkt op mijn oma!
Haar haren wapperen als een lint over haar rug.

4 Het buurthuis

In het buurthuis is het druk.
Alle kinderen uit de straat zijn er.
Karima en Fatimah, Ali en Farid,
Omar, Naima en Hanan.
Het regent al de hele dag.
Hanan kijkt een beetje sip.
Ze begrijpt dat Halima er niet is.
Het plein is leeg en nat.
Toch kijkt ze steeds even naar buiten.
Of de regen al ophoudt.
En of Halima misschien toch nog komt.
Ze zit vlak bij het raam
en bladert een beetje in een boek.
Opeens staat Naima naast haar.
'Zullen we poppenkast doen?' vraagt ze.
Hanan schudt haar hoofd.
Ze is boos op haar vriendin.
Boos om gisteren.
Omdat ze Halima zo liet schrikken.
'Ze had wel dood kunnen vallen', zegt ze.
Naima kijkt verbaasd.
'Over wie heb je het?' vraagt ze.

'Over Halima', zegt Hanan.
'En dat je zo in haar oor gilde!'
'Nou moe!' zegt Naima beledigd.
'Het was toch maar een grapje?
We plagen haar toch wel vaker?
Daar moet ze maar tegen kunnen hoor.'
'Ik vond het geen leuke grap.
En ik heb met haar gepraat.
Als je dat maar weet!'
Naima's mond valt open van verbazing.
'Heb je met haar gepraat?
Vertel op, wat zei ze allemaal.'
Hanan kijkt opzij naar haar vriendin.
Ze kan nooit lang boos zijn op Naima.
En dan vertelt ze haar over Halima.
Dat ze zo aardig is.
Dat ze zoveel verhalen weet.
En dat ze nooit meer naar Marokko kan.
Omdat ze geen geld heeft.
Ze vertelt ook over de oude, zere vingers.
En over de kromme rug en de stok.

Maar ze zegt niks over de zwarte vogel.
Die vogel is haar geheim.
Dat mag alleen Halima weten!
Naima zwijgt, ze weet opeens niks te zeggen.
'We hadden afgesproken', zegt Hanan.
'Halima zou naar het plein komen.
En dan zouden we elkaar vertellen.
Over Marokko en over de zomer.
En over mijn oma en over de vakantie.
Maar dat kan nu niet, want het regent.'
'Zit je daarom steeds bij het raam?'
Hanan knikt: Naima is toch wel slim soms.
'Ja, ik hoop dat het nog droog wordt.'
'Denk je dat ik ook mee zou mogen?'
Naima kijkt verlegen.
Ze vindt het zelf een beetje gek
om zoiets te vragen.
Maar Hanan heeft haar nieuwsgierig gemaakt.
Zij wil Halima ook wel leren kennen!
Hanan zwijgt.
Wat moet ze nu zeggen?
Ze weet niet eens of ze het wel leuk vindt.
Halima is eigenlijk een beetje van haar.
Maar Naima is haar vriendin natuurlijk.
'Goed, je mag mee', zegt ze opeens.
'Maar je mag haar niet meer plagen.'
'Oké,' zegt Naima, 'beloofd.

Maar vandaag komt ze vast niet meer.
Kijk maar, het regent nog steeds.
Zullen we dan toch nog even
poppenkast gaan doen?'

Maar ze zijn te laat.
Omar en Farid zijn al in de kast.
Een paar kleine kinderen zitten op de grond.
Het spel kan beginnen.
Omar pakt de toverheks.
Hij zwaait ermee heen en weer.
'Ik ben de boze Halima.
Ik sla jullie met mijn stok:
hoei, hoei ...
Ik tover jullie om.
Jullie worden allemaal zwart.
En geel en groen.
Jullie krijgen allemaal twee lange oren.
Hoei, hoei, hoei.'
De kinderen lachen.
Ze vinden het een leuk spel.
En daar komt Farid ook.
Hij zwaait met Katrijn en roept:
'Lelijke Halima!
Ik zal jou eens pakken.
Stom wijf, zwarte neus!
Lelijke toverheks!'

De kinderen lachen nu nog harder.
Ze rollen om van plezier.
Maar Hanan wordt opeens heel kwaad.
Ze schiet naar voren.
En trekt aan de poppenkast.
'Hou op, hou op!' roept ze.
'Jullie mogen niet zo doen.
Halima is geen heks!
Je mag haar niet plagen.'
Omar komt uit de poppenkast.
Hij kijkt dreigend naar Hanan.
'Bemoei je er niet mee', zegt hij.
'Ik doe wat ik wil.
En Halima is wel een heks.
Dat weet iedereen.
Een oude, zwarte heks.'
Nu komt Farid ook uit de kast.
Hij springt op Hanan af.
'Hoepel op, stomme griet!'

En dan gilt iedereen door elkaar.
De kleine kinderen vluchten weg.
Omar trekt aan het haar van Hanan.
Hanan slaat Farid op zijn hoofd.
En Naima gooit de poppenkast om.
Het is een ontzettend kabaal.
Je kunt het buiten horen.

En dan opeens is het stil.
Anna, de leidster, komt eraan.
Ze kijkt om zich heen en vraagt:
'Wat is dat nou voor herrie?
Wat is hier aan de hand?'
Niemand zegt iets.
Ze durven elkaar niet aan te kijken.
'Nou,' zegt Anna, 'vertel op!'
De jongens houden hun mond.
En Hanan wil ze niet verraden.
Dan doet Naima een stap naar voren.
Ze vertelt wat er gebeurd is.
'Is dat waar?'
Anna kijkt de jongens boos aan.

'Jullie moesten je schamen!
Halima is geen heks.
Dat weten jullie best.
En schelden is heel gemeen.
Dat weten jullie ook best.
Het doet pijn en het maakt verdrietig.
Of zijn jullie nog nooit uitgescholden?'
Omar en Farid knikken bedeesd.
'Dan weet je hoe dat voelt', zegt Anna.
'Denk daar maar eens over na.
Ik wil het nooit meer horen, begrepen?'
De jongens knikken.
Ze kijken benauwd.
Wat is Anna kwaad!
'En nu opruimen', zegt Anna.
'Ga de zaal maar vegen.
En morgen ook, en overmorgen.
Voorlopig twee weken.
Want als je veegt, kun je goed denken.
En dat moeten jullie maar eens leren.'
Alle kinderen hebben geluisterd.
Ze zijn onder de indruk.
Langzaam lopen ze naar buiten.
Het is bijna vijf uur.
De jongens moeten nog lang vegen.

5 Bij Hanan thuis

Mama is in de keuken.
Het is er warm en benauwd.
De deur naar het balkon staat open.
Er staat een stoel voor.
Want de kleine Tahar kruipt rond.
Hanan tilt haar broertje op.
Ze neemt hem mee de kamer in.
Ali hangt voor de televisie.
Hij kijkt naar een sportprogramma.
Het geluid staat keihard aan.
'Mag het wat zachter?' vraagt Hanan.
Maar Ali kijkt haar kwaad aan.
En ze houdt gauw haar mond.
Soms is ze wel eens bang voor hem.
Hij is zo snel boos.
Ze heeft geen zin in nog meer ruzie.
Zoals in het buurthuis.
Stil zet ze Tahar in zijn box en loopt naar de kast.
Ze zal de tafel maar vast dekken.
Tahar begint te huilen.
Hij zit niet graag in de box.
Aarzelend blijft Hanan staan.

Zal ze hem er weer uit halen?
Maar dan staat Ali op.
Hij doet de televisie uit.
En pakt zijn broertje op.
'Kom maar', zegt hij.
'Wil je met mij spelen?'
Hanan is verbaasd.
Maar Tahar is meteen stil.
Hanan voelt zich blij worden.
Ali is toch niet zo vervelend als ze soms denkt!

Als mama binnenkomt, kruipt Ali door de kamer.
Tahar zit op zijn rug.
Ze moet erom lachen.
'Grote broer en kleine broer
samen op de kamervloer', zegt ze.
Ze strijkt haar haren uit haar gezicht.
En zet een schaal op tafel.
'Kom, we gaan eten.'

'Komt Karima niet?' vraagt Hanan.
'Nee, ze moet overwerken.
Het is koopavond', zegt mama.
Karima is de zus van Hanan.
Ze werkt in een winkel.
Als ze thuiskomt, is ze altijd moe.
Dan legt ze haar benen op een stoel
en wrijft over haar zere voeten.
Hanan houdt heel veel van Karima.
Maar in een winkel werken?
Dat lijkt haar maar niks!

Mama legt een kippenpoot
op het bord van Hanan.
Die kijkt er met een vies gezicht naar.
Ze heeft geen zin in kip.
Het is bijna elke dag hetzelfde.
Maar klagen helpt niet.
Dat weet ze maar al te goed.
Ze denkt aan Halima.
Zou Halima ook vaak kip eten?
Morgen zal ze het vragen.
Als het dan niet regent tenminste.
'Mam', zegt Ali opeens.
'Ik ga straks nog even weg.
Heb je wat geld voor me?'
'Moet je nu al weer weg?

En je schoolwerk dan?'
Mama's gezicht staat op onweer.
Ze begint te mopperen.
Maar Ali eet door en zegt niks.
Hij weet dat hij straks geld krijgt.
En dat hij gewoon weg kan gaan.
Naar zijn vrienden misschien.
Rondjes rijden op de fiets.
Eindeloos rondjes rijden op het plein.
Misschien koopt hij wel sigaretten.
Hanan heeft hem een keer zien roken.
Achter het fietsenhok van de school.
Ze heeft het tegen niemand gezegd.
Hanan is een beetje jaloers.
Zij zou ook wel eens weg willen.
Gewoon na het avondeten.
Nog wat in de zandbak spelen.
Of gaan schommelen.
Maar meisjes mogen dat niet.
Die moeten thuis zijn 's avonds.
'Zo hoort dat', zegt mama.
'Ik vind het ook jammer voor je.
Maar jongens mogen meer.
Daar is niks aan te doen.'
Hanan vraagt zich af of dat waar is.
Is daar echt niks aan te doen?
Maar ze weet dat mama gelijk heeft.

Al haar vriendinnen zijn thuis 's avonds.
En de jongens mogen nog buiten.
Eén keer heeft ze erover gezeurd:
'De meisjes van Holland mogen het wel.'
'Dat zal best', had mama gezegd.
'Maar wij zijn Marokkaans.
En dan hoor je dat niet te doen.
Vroeger was dat zo.
En nu is dat nog zo.'
Daarna is er niet meer over gepraat.

Ali staat op en veegt zijn mond af.
Hij loopt naar zijn kamer.
Mama loopt hem achterna.
Nu krijgt hij geld, weet Hanan.
De tranen springen in haar ogen.
Ze vindt het zo gemeen!
Zij krijgt nooit geld.
Nooit mag ze eens iets leuks.
Nooit mag zij eens doen wat ze wil.
Altijd moet ze maar helpen.
Op Tahar passen, de tafel dekken.
De bedden opmaken, de afwas doen.
Een doek borduren, een trui breien!
Ze wil het niet meer!
De voordeur slaat dicht.
Daar gaat Ali.

Als mama weer binnenkomt,
ziet ze dat Hanan huilt.
Verschrikt komt ze naar haar toe.
'Wat is er, lieverd?' vraagt ze.
'Is er wat gebeurd?
Waarom huil je?'
Ze streelt haar wangen.
Nu huilt Hanan nog harder.
En mama kijkt ongerust.
Ze snapt er echt niks van!
Zachtjes trekt ze Hanan van haar stoel
en zet haar op de bank.
Ze slaat haar armen om haar heen
en wiegt haar heen en weer.
Langzaam stopt het huilen.
'Wil je het niet zeggen?
Dan hoeft het niet, hoor.'
Hanan kijkt op in de bruine ogen van mama.
Dezelfde ogen als Halima heeft.
Ze voelt zich erg verward.
En dan opeens gaat ze vertellen.
Over Halima, over het buurthuis.
En over Ali, die altijd alles mag.
De woorden rollen uit haar mond.
Zo nu en dan snikt ze nog een beetje na.
Kleine Tahar kijkt met grote ogen.
Hij zit stil in zijn stoeltje.

'Meisje toch', zegt mama.
'Wat zit er veel in je hoofd vandaag.
Je bent helemaal in de war.
Vertel het nog eens allemaal.
Maar dan heel rustig, goed?
Ga je gezicht maar even wassen.
Dan breng ik Tahar vast naar bed.'

6 Hanan en mama

Het is al een beetje donker.
Samen met mama heeft Hanan de afwas gedaan.
Ze hebben de kamer opgeruimd.
En mama heeft thee gezet.
Nu zitten ze op de bank en Hanan vertelt.
'Bij het begin beginnen', zegt mama.
Ze heeft een kaars aangestoken.
En de mooie theeglaasjes gepakt.
Hanan aarzelt even.
'Waar is het begin eigenlijk?'
'Op het plein', zegt mama.
'Daar begon het toch gisteren?'
En dan vertelt Hanan alles.
Over de zandbak en over Naima.
En over de oude Halima.
Over het geplaag.
En dat ze niet meer mee wilde doen.
Omdat Halima een beetje op oma lijkt.
Nu ja, uit de verte dan.
'En ze heeft jouw ogen, mama.
Ze zijn net zo bruin.'

Hanan vertelt dat ze zo geschrokken was.
En niet naar Halima durfde te gaan.
Omdat ze dacht dat ze dood was!
'Maar mijn benen moesten gewoon.
Ze gingen helemaal vanzelf!'
Mama lacht erom.
'Ja, dat ken ik', zegt ze.
'Dat heb ik ook wel eens meegemaakt.
Toen Tahar in de vijver viel.
Weet je dat nog?'
Hanan knikt: ja, dat weet ze nog goed.
Ze stonden allemaal stokstijf.
Iedereen was zo geschrokken.
Maar opeens rende mama erheen.
En trok Tahar uit het water.
Hij krijste van schrik.
Nu kunnen ze erom lachen.
Maar toen het gebeurde niet.

Hanan vertelt verder.
Over wat Halima zei.
En dat ze van die zere vingers heeft.
Ze zijn helemaal krom.
Net als haar rug!
'Dat is reuma', zegt mama.
'Soms hebben oude mensen dat.
Het is heel pijnlijk.'

'Halima kan niet meer naar Marokko.
Erg hè mama?
Ze heeft geen geld, zegt ze.
En de reis is ook te lang.
Ik heb haar over oma verteld.
En over de kippen.
En als wij weer naar oma gaan,
neem ik een vogelveer mee.
Dat heb ik beloofd.'
'Een vogelveer?' vraagt mama.
Ze kijkt een beetje verbaasd.
En nu vertelt Hanan over de kippenpoten.
Dat er wel tien in een pak zitten.
En dat ze dat zo zielig vindt.
En dat papa die moet inpakken.
En waar is de rest van de kip dan?
Ze vertelt ook over de zwarte vogel.
'Een merel is het, zegt Halima.
En hij kan zo mooi zingen!
Heb jij hem wel eens gehoord?'
Mama trekt Hanan dicht tegen zich aan.

Ze geeft haar een kus op haar neus.
'Er zit écht veel in je hoofd.
Het is goed dat je erover praat.
Dat moeten we vaker doen.
Vind je niet?'
Hanan voelt zich weer rustig.
Het is fijn om hier zo te zijn.
Mama is zo lief.
Ze heeft opeens tijd voor haar.
En ze luistert zo goed.
En ze begrijpt zo veel.
Ze vertelt ook over het buurthuis.
En over de poppenkast.
En de ruzie met de jongens.
En dat Halima niet kwam.
Omdat het zo regende.
'En nu is het droog.
En ik mag niet buiten.
Omdat ik een meisje ben!'
Mama lacht een beetje.
'Zou je dan een jongen willen zijn?'
Hanan denkt aan Ali.
Die heeft puistjes in zijn gezicht.
En als hij groot is, moet hij werken.
Hard werken, net als papa.
Zij mag lekker thuis zijn.
Dat is niet zo erg eigenlijk.

Als de zon schijnt kan ze naar buiten.
En koken is best leuk.
Zij wil ook graag leren koken!
'Nee, ik wil geen jongen zijn.
Dan maar binnen 's avonds!'
'Goed zo', zegt mama.
'Dan heb ik gezelschap.
Want mannen!
Die zijn toch nooit thuis zeker?'

Opeens staat Karima in de kamer.
Ze hebben haar niet gehoord.
Ze kijkt verrast rond.
'Hé, wat zitten jullie hier gezellig.
Is het feest of zo?' vraagt ze.
'Ja', lacht mama.
'Een beetje feest wel.
Hanan en ik vieren de avond.
Met zoete thee en kaarslicht.'
'Mag ik er ook bij?'
Karima hangt snel haar jas op.
En kruipt ook op de bank.
Ze legt haar benen op een kussen.
Mama geeft haar een glas thee.
'Ben je moe?'
'Gaat wel', zegt Karima.
'Maar wel blij dat ik er weer ben.'

Ze haalt een pakje uit haar tas.
'Kijk eens, voor jou', zegt ze.
Verbaasd kijkt Hanan naar het pakje.
'Voor mij?'
Ze kleurt ervan.
Met voorzichtige vingers
peutert ze het papiertje open.
'O, wat mooi!
Kijk eens, mama.'
Blij kijkt ze naar het blauwe lint
dat uit het pakje komt.
'Om in je haar te doen', zegt Karima.

Maar Hanan is al overeind
en valt haar zus om haar nek.

7 Altijd feest

En nu is er opeens nog iemand.
En weer hebben ze niets gehoord.
Daar is Ali, met kletsnatte haren.
'Het regent', zegt hij.
'Mijn jas is doorweekt.
Het plensde opeens.
Maar wat is het hier gezellig!
Is er iets bijzonders of zo?'
'O, wij vieren altijd feest 's avonds.'
Mama lacht als ze het zegt.
Maar Ali kijkt verbaasd.
'Feest?'
Zijn mond valt open.
'Ja', zegt Hanan.
'Als de mannen van huis zijn,
vieren de vrouwen feest.
Wist je dat nog niet?'
Ali kijkt een beetje onzeker.
Hij weet niet wat hij denken moet.
Hij kijkt naar de theeglazen.
En hij kijkt eens naar het pakje.
En naar de lachende gezichten.

'Is dat altijd zo?'
'Ja', zegt mama.
'Dat doen we altijd.
En nu heb je ons betrapt.
Maar weet je wat:
hang je natte jas maar in de douche.
Want voor deze keer mag je er ook even bij zijn.'

Als hij de kamer uit is,
valt Hanan om van de lach.
'Hij geloofde het, hij geloofde het!'
'Ja', zegt mama.
'En denk erom: mondje dicht hè!
Hij moet denken dat het waar is.'
Karima lacht ook.
Ze staat op van de bank.
'Ik ga slapen', zegt ze.
'Ik ben toch wel moe.
Het was druk in de winkel.'
Mama kijkt op de klok.
En dan naar Hanan.
'Jij moet ook naar bed.
Kijk eens, het is bijna tien uur.'
Hanan geeft mama een kus:
'Het was een fijne avond.'
Dan loopt ze de trap op naar haar kamertje.

Even later ligt ze in bed.
Ze is ook heel moe.
Maar de slaap wil niet komen.
Hanan denkt aan vandaag.
Aan wat er gebeurd is.
Ze denkt aan de poppenkast.
En aan de ruzie in het buurthuis.
Ze denkt ook aan Ali.
En aan mama en Karima.
Het is een beetje licht in de kamer.
Dat komt van de lantaarn.
Die staat pal voor het raam.
Beneden hoort ze stemmen.
Die zijn van mama en Ali.

Maar ze hoort niet wat ze zeggen.
Het raam staat open.
Het gordijn wappert heen en weer.
De regen is opgehouden.
Hanan kijkt naar het gordijn.
Ze luistert naar de geluiden.
In de straat klinken voetstappen.
Zou dat papa zijn?
Arme papa.
Nu heeft ze hem weer
niet gezien vandaag.
Zou hij steeds gewerkt hebben?
Maar wacht eens even.
Hanan springt uit bed
en loopt naar het raam.
Ja, daar komt papa aan.
Hij sjokt een beetje.
Hij is vast ook moe.
Bij de lantaarn staat hij stil.
Hij zoekt de sleutel van de deur.
Hanan buigt zich voorover.
Papa staat nu recht onder haar.
Zal ze iets zeggen?
Maar dan weet hij dat ze daar is.
Misschien is hij wel boos.
Het is al zo laat.
Ze hoort allang te slapen.

Toch kan ze het niet laten.
'Papa!' roept ze zachtjes.
En dan nog een keer:
'Papa, psst! Ik ben het, Hanan.'
Verbaasd kijkt papa omhoog.
Maar dan schiet hij in de lach.
'Zo, sta jij te gluren.
Dat is wat moois met jou.
Kun je niet slapen?'
'Nee', zegt Hanan.
'Mijn hoofd zit te vol.'
'O wee', zegt papa.
'Ga dan maar gauw in je bed.
Anders valt het er nog af.
Er zitten vast veel dromen in.'
Hanan lacht erom.
Die papa toch!
Ze vindt het leuk dat hij daar staat.
En dat hij met haar praat.
Papa is helemaal niet boos
omdat ze nog wakker is!
Hij plaagt haar alleen maar.
'Niet tegen mama zeggen, hoor.
Dat ik nog wakker ben.'
Papa doet zijn vinger op zijn mond.
'Oké, ons geheim.
Maar nu je bed in!'

8 De droom van Hanan

Hanan droomt.
Ze zit op een bank op het plein.
Halima is er ook.
Die is in de zandbak en bouwt een vogelhuis.
Naast haar liggen veel takken.
Er zijn ook bloemen en veren.
Zwarte en witte veren.
Halima is op blote voeten.
Ze graaft in het zand en maakt een groot nest.
De takken gaan er allemaal in.
Daarna versiert ze het nest.
Het wordt heel mooi.
Met rode en witte bloemen.
Hanan wil graag meehelpen.
Maar dat kan niet.
Ze moet op de stok passen.
De stok van Halima.
Die staat naast de bank.
Opeens is er een vogel.
Het is de zwarte merel.
Hij heeft een veer in zijn bek
en vliegt ermee naar het nest.

'Hier, hier!' roept Halima.
Ze zwaait met haar armen.
De merel laat de veer vallen en begint te fluiten.
Halima begint ook te fluiten.
Ze springt op en neer.
En gooit bloemen in de lucht.

En daar is papa ook.
'Moet jij niet naar bed?' zegt hij.
'Je hoofd zit te vol.
Kom, we gaan naar huis.'
Maar Hanan wil niet.
En papa gaat weer weg.
Nu komt Ali eraan.
Hij rookt een sigaret.

En hij rijdt rondjes op zijn fiets.
Hij strooit met geld.
Het hele plein ligt vol.
Ali lacht en zingt.
En blaast rookwolken uit.
De rook waait achter hem aan.
Hanan wil hem pakken.
Maar haar voeten kunnen niet lopen.
Uit het buurthuis komen jongens.
Ze zwaaien met stokken.
En roepen naar Halima:
'Oude toverheks, lelijke neus!'
Ze rennen over het plein
en willen Halima pakken.
Hanan wil opstaan.
Maar haar schoenen zitten vast.
Iemand heeft ze vastgeplakt.
Als ze wil opstaan, valt ze.
Ze begint te huilen.
Maar daar is mama.
'Kom maar', zegt ze.
'Wil je wat drinken?
Heb je gedroomd?'

Het gezicht van Hanan is nat.
Mama zit op de rand van haar bed.
Ze heeft een glas water in haar hand.

Haar gezicht staat bezorgd.
Hanan weet niet goed waar ze is.
Maar nu weet ze het weer.
Ze ligt in bed.
En ze heeft gedroomd.
Een nare droom was het.
Over Halima en een vogelhuis.
Over Ali en papa.
En over de jongens van het buurthuis.
En o ja, ook over de vogel, de merel.
Die had een veer in zijn bek.
En hij begon te fluiten.

Mama streelt haar gezicht.
En Hanan drinkt een beetje water.
Ze vertelt haar droom aan mama.
Mama luistert.
Soms knikt ze een beetje.

Als Hanan alles verteld heeft, zegt ze:
'Je hebt zo veel meegemaakt.
Er is zo veel gebeurd vandaag.
Dat zit nog allemaal in je hoofd.
Als je dan gaat slapen, kun je ervan gaan dromen.
Maar dan gebeurt alles anders.
En zie je alles door elkaar.
Ook de dingen die niet gebeurd zijn.
En waar je misschien bang voor bent.'
Hanan is verbaasd.
'Dat zei papa ook!' zegt ze.
'Dat er veel dromen in mijn hoofd zitten.'
Nu kijkt mama verbaasd.
'Papa?' vraagt ze.
'Hoe kan dat nou.
Papa was toch helemaal niet thuis?'

Hanan slaat haar hand voor haar mond.
Nu heeft ze haar geheim verteld!
Maar mama is zo lief.
En ze kijkt zo verbaasd.
Nu vertelt ze dus over papa.

En dat ze nog niet sliep.
En hem thuis hoorde komen.
En dat ze samen gepraat hebben.
Papa beneden op de stoep.
En zij hier, door het open raam.
Gelukkig is mama niet boos.
Ze moet er een beetje om lachen.
'Daar heeft papa niks van verteld', zegt ze.
'Nee', zegt Hanan.
'Het was een geheim.
Maar nu niet meer.'

Mama stopt haar lekker in.
Alsof ze nog heel klein is.
'Ga nu maar slapen.
Het is al midden in de nacht.'
Maar Hanan hoort het al niet meer.
Haar ogen vallen dicht.
Ze is zo moe, zo moe.
Mama kijkt nog even naar haar.
Dan gaat ze de kamer uit.
En dan is er alleen nog de nacht.

9 Op het plein

Op het dak zit een merel.
Hij fluit het hoogste lied.
Maar Hanan hoort het niet, ze slaapt.
De hele wereld is al wakker.
Mama is in de keuken en maakt ontbijt.
Papa zit aan tafel en leest de krant.
Tahar zit in de box te spelen.
Ali kamt gel in zijn haar.
Karima helpt mama met het ontbijt.
Maar Hanan slaapt.
Ze slaapt en ze slaapt en ze slaapt.
Tot opeens haar ogen open zijn.
De wekker staat op halfnegen.
Oei, ze moet naar school.
Maar meteen weet ze dat het zaterdag is.
Er is geen school, gelukkig.
Snel rent ze naar beneden.

'Zo luilak', zegt papa plagend.
'Dat heb je er nou van.
Als je zo lang wakker blijft!'
Hanan is verbaasd als ze hem ziet.

'Ik heb een vrije dag', zegt papa.
Hanan geeft hem een kus op zijn haar.
'Ons geheim is weg', zegt ze.
'Ik weet het', lacht papa.
'Maar dan maken we toch een nieuw geheim?
Misschien over het buurthuis?
Of over Halima?'
Hanan kijkt hem aan.
'Mama heeft alles verteld!'
'Ja', zegt papa.
'Is dat erg?'
Hanan denkt even na.
'Nee', zegt ze dan.
'Jij mag alles weten.
Ook als ik je haast niet zie.
Maar nu ben je er!'
'Ja, en voortaan altijd op zaterdag.
Want ik heb ook een geheim.
Ik moet je iets vertellen.

Ik hoef nooit meer op zaterdag te werken.
Want ik heb een andere baan!'
'Hoef je dan geen vlees meer in te pakken?'
'Nee, dat is voorbij.
Dat gaan anderen nu doen.
Ik hoef alleen maar te kijken.
Zien of ze alles goed doen.
En ik verdien ook meer geld.'
Hanan springt bij papa op schoot.
'Jippie!' roept ze.

Na het eten gaat Hanan boodschappen doen.
Ze moet brood halen, groenten en fruit.
'En denk eraan, ook verse munt', zei mama.
Op het plein is het stil.
De zon schijnt en de bank is leeg.
Hanan denkt aan haar droom.
En aan Halima in de zandbak.
Ze kan er nu weer om lachen.
Een droom is maar een droom!
Maar daar ziet ze iemand aankomen.

Zou dat Halima zijn?
Ze aarzelt even en kijkt nog eens goed.
Ja, dat is Halima!
Langzaam loopt ze daar.
Haar rug is zo krom als een hoepel.
Alsof ze iets zoekt op de straat.
Maar Hanan weet wel beter.
Halima is zo gegroeid.
Ze kan niet anders lopen.
Even blijft Hanan staan.
Maar dan rent ze naar het plein.
Samen komen ze aan bij de bank.
Halima gaat zitten en zucht.
Hanan gaat ook zitten en hijgt.
Ze kijkt naar Halima.
En Halima kijkt naar Hanan.
Het is even stil.
Maar dan zegt Halima:
'Dag vogelmeisje, ben je er nog?
Jammer van de regen gisteren.
Ik kon niet komen, weet je.'
'Geeft niet', zegt Hanan.
'Ik was in het buurthuis.
Maar ik heb gekeken.
Of u er toch nog was.'
Halima lacht.
'Ik weet het', zegt ze.

'Want ik heb de vogel gehoord.
Hij zat in de boom voor mijn huis
en vertelde dat je aan me dacht.'
Hanan denkt na.
Zou een vogel kunnen praten?
Ze kijkt naar de ogen van Halima.
Net zo bruin als die van mama.
'Ik heb van u gedroomd', zegt ze.
'Over de zandbak en een vogelhuis.
Er waren bloemen en veren.
En de vogel was er ook.
Maar het was een enge droom.
Want er waren ook nare dingen.'
'Misschien was je hoofd te vol?'
Halima kijkt naar Hanan.
Haar ogen lachen.
'Als je alles opspaart,' zegt ze,
'komen er verhalen in je hoofd.
Die kunnen er niet zo goed uit.
En dan ga je ervan dromen.
Als je wakker bent is het weer weg.
Maar soms weet je het nog.
Dan wil je het vertellen.
Zeker als het nare dromen zijn.'
Hanan zegt niks.
Wat weet Halima veel!
Even aarzelt ze.

Maar dan vertelt ze:
Over gisteren en het buurthuis.
Over Naima en de poppenkast.
En over de ruzie met de jongens.
Halima luistert stil en knikt.
Hanan praat verder.
Over mama en Ali.
Dat Ali buiten mag in de avond.
En zij niet, omdat ze een meisje is.
En dan, aarzelend,
ook over haar droom.
Hoe eng het was en hoe vreemd.

Als ze uitgepraat is, is het stil.
Hanan kijkt opzij naar Halima.
Waarom zegt ze nou niks?
En opeens ziet ze een traan.
Hij schittert in de zon.
Hanan schrikt ervan.
Heeft ze iets verkeerds gezegd?
'Waarom huilt u, hebt u pijn?'
Ze vraagt het heel zachtjes.
Maar dan pakt Halima haar hand.
'Het is goed dat je alles vertelt.
Nu is het plagen misschien voorbij.
En dat ik huil, dat is van blijdschap.
Omdat jij er nu bent.'

Haar stem klinkt een beetje schor.
Haar stok maakt putjes in het zand.
Dan staat ze op.
Ze rekt zich uit en kijkt omhoog.
'Hoor, daar is de vogel weer.
Hij vertelt over de zomer.
Over alles wat nog komen gaat!'
Hanan staat ook op.
Ze kijkt naar Halima.
En dan ook naar boven.
Een witte wolk zeilt door de lucht.
De zon schijnt.
En samen luisteren ze naar de vogel.